智库 中社 国家智库报告 2016（44）
National Think Tank

经 济

中国僵尸企业研究报告
——现状、原因和对策

聂辉华 江艇 张雨潇 方明月 著

CHINA'S ZOMBIE FIRMS: CAUSE, CONSEQUENCE, AND CURE

中国社会科学出版社

图书在版编目(CIP)数据

中国僵尸企业研究报告：现状、原因和对策／聂辉华等著. —北京：
中国社会科学出版社，2016. 10（2018.2重印）

（国家智库报告）

ISBN 978 – 7 – 5161 – 9175 – 0

Ⅰ.①中…　Ⅱ.①聂…　Ⅲ.①企业管理—研究报告—
中国　Ⅳ.①F279. 23

中国版本图书馆 CIP 数据核字(2016)第 257561 号

出 版 人	赵剑英
责任编辑	王　茵
特约编辑	王　称
责任校对	王佳玉
责任印制	李寡寡

出　　版	中国社会科学出版社
社　　址	北京鼓楼西大街甲 158 号
邮　　编	100720
网　　址	http://www.csspw.cn
发 行 部	010 – 84083685
门 市 部	010 – 84029450
经　　销	新华书店及其他书店

印刷装订	北京君升印刷有限公司
版　　次	2016 年 10 月第 1 版
印　　次	2018 年 2 月第 2 次印刷

开　　本	787 × 1092　1/16
印　　张	5
插　　页	2
字　　数	50 千字
定　　价	23. 00 元

摘要：供给侧结构性改革是当前经济改革和宏观调控的重要战略和主要抓手。供给侧改革的关键之一，就是加快淘汰僵尸企业。在此背景下，中国人民大学国家发展与战略研究院僵尸企业课题组使用 1998—2013 年（2010 年除外）中国工业企业数据库和 1998—2015 年上市公司数据库，对中国僵尸企业进行了全面研究。

首先，本报告提出了新的识别僵尸企业的方法。如果一个企业在当年和前一年都被 FN－CHK 方法识别为僵尸企业（即企业获得的贷款利息率低于正常的市场最低利息率），那么该企业在当年就是僵尸企业。相对于官方标准和学界流行的 CHK 标准，这一方法能够较好地减少僵尸企业识别过程中的"漏网之鱼"，又可以减少"误伤"。

其次，本报告描述了中国工业部门僵尸企业的全貌。（1）分年份来看，2000—2013 年，中国工业部门的僵尸企业比例最高时（2000 年）大约为 30%，此后呈下降趋势，并在 2004 年之后保持稳定。2005—2013 年的工业部门僵尸企业比例大约为 7.51%。这说明中国僵尸企业的问题是在逐渐缓解的。（2）分行业来看，利用 2013 年中国上市公司数据，我们发现：僵尸企业比例最高的五个行业是：钢铁（51.43%）、房地产（44.53%）、建筑装饰（31.76%）、商业贸易（28.89%）和综合类（21.95%）；僵尸企业比例最低的五个行业是：银行（0）、传媒（4.12%）、非银金融（4.65%）、计算机（5.23%）和休闲服务（5.88%）。（3）分地区来看，经济发展水平较高的东部、南部地区僵尸企业比例比较低，而经济发展水平较低的西南、西北和东北地区僵尸企业比例较高。（4）分所有制来看，国有和集体企业中僵尸企业的比例最高，民营企业和港澳台及外商企业中僵尸企业的比例相近，且远低于国有和集体企业中僵尸企业的比例。（5）分规模来看，大型企业和中型企业的僵尸企业比例最高，但由于基数比较小，大部分僵尸企业还是小型企业。（6）分年限来看，随着企业年限的增长，僵尸企业的比例越来越高。成立 1—5 年的企业中，只有约 3% 的企业是僵尸企业；而在成立超过 30 年的"老"企业中，约有 23% 的企业都是僵尸企业。

再次，我们梳理了产生僵尸企业的 5 个主要原因。（1）地方政府和企业之间的政企"合谋"。为了政绩和维稳，地方政府不断给濒临破产的僵尸企业进行各种形式的"输血"，或者给非僵尸企业施加就业压力和产量扩张压力，然后再通过补贴和贷款来维持其局面。这使本来不是僵尸的企业变成了"僵尸"，已经是"僵尸"的企业更加难以清理。我们发现，如果一个企业获得了更多补贴，或者冗员更多，或者是国企，那么成为僵尸企业的概率就更高。（2）地方政府之间和国企之间的恶性竞争。一旦国家将某个行业列入重点扶持范围，地方政府就一拥而上支持这个行业的发展，造成重复建设、产能过剩。在该行业出现大量僵尸企业之后，地方政府又纷纷提供优惠政策和补贴来支持这些当地企业，希望能够通过自己的"扶持"来"挤垮"其他地区的企业。许多政府部门出台政策鼓励企业兼并、"以大吃小"，甚至在行业救助时直接规定只救助一定数量的大企业，这直接造成了企业间"竞相做大"的囚徒困境。（3）大规模刺激的后遗症。2008年11月，为了应对国际金融危机给我国经济带来的压力，中国政府推出了投资总量约4万亿元的经济刺激计划。然而，4万亿元投资计划在一些行业引起了过度投资、盲目扩张，埋下了产生僵尸企业的隐患。（4）外部需求冲击。2008年全球金融危机后，世界主要经济体增长放缓、需求减少，使出口依赖型行业和企业在短时间内受到了巨大的冲击，订单不足、商品滞销、资金周转困难、投资方撤资，许多原本发展良好的企业纷纷陷入困境，甚至沦为僵尸企业。（5）银行的信贷歧视。2008年以后，国有和集体企业的利润率在波动中下降，但负债率却逐年增高；与此同时，民营企业利润率一直比较稳定，但负债率却有所下降。也就是说，2008年经济危机之后，虽然国有和集体企业盈利能力有所下降，但却更容易获得贷款；虽然民营企业盈利能力非常稳定，但却更难获得贷款。

最后，我们提出了减少僵尸企业的五条政策建议。第一，减少政府对企业的干预，尤其是慎用产业政策。地方政府要减少对企业运行的干预，不要利用行政力量去推动企业兼并重组，不要给辖区内企业施加超出其负担能力的就业压力和财税压力，不要给缺乏效率、生存无望的僵尸企业提供各种补贴和迫使银行发放贷款。第二，完善国资委对国企的考核指标，全面理解"做强做优做大国有企业"的要求。要警惕最后的结果是国企光是"做大"而没有真正"做强"和"做优"。如果国企一味做大，必然陷入产能扩张的囚徒困境，必然导致更多产能过剩，从而产生更多僵尸企业。第三，强化银行的预算硬化。一是要加强对银行体系的监管；二是要减少地方政府对辖区内银行的行政干预，通过制定相关的法律法规，确保银行体系的相对独立性。第四，多渠道化解过剩产能，鼓励企业兼并重组和改制分流，加快建立和完善社会保障网。可以考虑将过剩的钢铁、水泥、玻璃等用于贫困地区的基础设施建设，由中央政府或者帮扶的地方政府通过发行债券代为支付。第五，加快国企改革步伐，关键是明确国企定位。进一步对国企进行分类改革，明确哪类国企要承担政治和社会功能，哪类国企是纯粹的市场化企业。对于前者，限制数量，当做特殊企业来对待；对于后者，加强市场化考核，鼓励做强做优。

目　录

一 背景：供给侧改革与僵尸企业

中共十八大以来，供给侧结构性改革已经成为新一届中央政府进行经济改革和宏观调控的重要战略和主要抓手。2014年7月23日，国务院总理李克强主持召开国务院常务会议，讨论缓解企业融资成本高的问题。会议明确提出，"要按照定向调控要求，多措并举、标本兼治，推动结构性改革和调整"。①

结构性改革从哪里改？先改什么？2015年10月，中央财经领导小组办公室主任、国家发改委副主任刘鹤在广东省调研时就明确提出，要更加重视供给侧调整，加快淘汰僵尸企业，有效化解过剩产能。② 这意味着，中央认为供给侧改革是结构性改革的重点，而处置僵尸企业又是供给侧改革的重点。

2015年11月10日，中共中央总书记、中央财经领导小组组长习近平主持召开中央财经领导小组第十一次

① 《李克强主持召开国务院常务会议（2014年7月23日）》，http://www.gov.cn/guowuyuan/2014－07/23/content_2723171.htm。
② 《发改委：加快淘汰僵尸企业　有效化解过剩产能》，http://finance.sina.com.cn/china/20151012/110423448155.shtml。

会议，专门研究经济结构性改革。习近平强调，在适度扩大总需求的同时，着力加强供给侧结构性改革，着力提高供给体系质量和效率，增强经济持续增长动力，推动我国社会生产力水平实现整体跃升。[①] 按照中央财经领导小组办公室副主任杨伟民的解读，供给侧结构性改革是一项长期任务，2016 年重点完成五大任务，去产能、去库存、去杠杆、降成本、补短板（即"三去一降一补"）。五大任务之首就是去产能，而去产能的重点就是"坚定地处置僵尸企业"。[②]

"产能过剩"不是一个新问题，每当宏观经济过热时，政府就要缓解产能过剩问题。"僵尸企业"也不是一个新现象，在计划经济体制和软预算约束下，缺乏市场自生能力的国有企业依靠政府补贴苟延残喘，乃是一种不可避免的现象。那么，为什么这一次产能过剩引发了高度重视以至于要明确淘汰僵尸企业？我们认为这有两个原因。第一，国际国内经济形势同时出现增长下滑的严峻状况，导致全球化时代的中国经济不再能够独善

[①] 《习近平主持召开中央财经领导小组第十一次会议》，http：//www. gov. cn/xinwen/2015 – 11/10/content_ 5006868. htm。

[②] 《杨伟民详解供给侧改革：要抓好"三去一降一补"五大任务》，和讯新闻网，http：//news. hexun. com/2015 – 12 –28/181463494. html。

其身。虽然中国经济在过去的 30 年里一直在高位增长，但是受 2008 年全球金融危机的影响，中国和美国、日本、英国、德国等主要发达国家一样，遭遇了急剧的增长下滑，并且在 2013 年之后出现了明显的持续下滑趋势（图 1）。

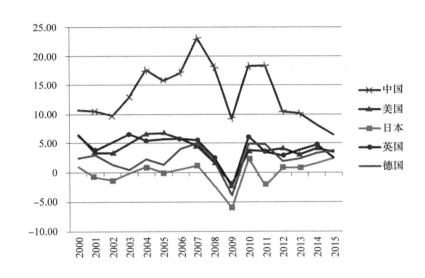

图 1　世界主要国家名义 GDP 增长率（％）

资料来源：Wind 资讯库。

过去中国虽然也出现了产能过剩，但是过剩现象主要出现在某些行业或者局部地区，或者当时世界主要经济体仍然保持了稳定的增长。但是，目前的产能过剩是近乎全行业的、全局性的，而世界主要经济体都出现了增长下滑。根据 2015 年中国企业经营者问卷跟踪调查报告，2015 年停产和半停产的企业比例达到 29%，是近 5 年的最高点。[①] 衡量产能过剩的主要指标是产能利用率。根据欧美国家的经验产能利用率在 79%—83% 的区间属于产需合理配比。[②] 据悉，我国目前工业产能利用率降至 74.3%，处于 10 年来历史新低。钢铁、煤炭、水泥、有色金属、石化等行业是产能过剩的"重灾区"。[③] 根据媒体报道，2015 年钢铁行业产能利用率不足 67%，汽车行业产能利用率仅达到 50%，煤制油行业产能利用率不足 50%，水泥行业产能利用率只有 60%。此外，根据中国煤炭工业协会的数据，目前全国煤炭产能在 40 亿吨左右，在建产能 11 亿吨左右，总规模约为 51 亿吨。而根据国务院发布的《关于煤炭行业化解过剩产能实现脱困发展的意见》，从 2016 年开始的 3—5 年里，煤炭行业要退出产能 5 亿吨左右，同时减量重组 5 亿吨左右煤炭产

---

①　中国企业家调查系统：《企业经营者对宏观形势及企业经营状况的判断、问题和建议——2015·中国企业经营者问卷跟踪调查报告》，《管理世界》2015 年第 12 期。

②　《我国产能利用率为 78.7%　产能过剩问题仍突出》，http：//money.163.com/14/1118/15/ABBGKPL700253B0H.html。

③　《供给侧改革之思（二）："去产能"的关键问题》，http：//opinion.caixin.com/2016 – 05 – 31/100949500.html。

能，总计约 10 亿吨。这意味着，煤炭产能应减少 20% 才能实现去产能的目标。造纸业也要大约淘汰 20% 的产能。一个生动的案例是，一位重型卡车行业的企业负责人告诉记者，近几年重卡行业持续低迷，库存积压越来越严重，几乎跟钢铁行业一样，到了"论斤卖"的地步。①

第二个原因是，中国经过 30 多年的长期高速增长，目前经济底子较好，中央领导政治权威很高，正是痛下决心淘汰落后产能、实现经济转型升级的关键窗口期。中国能否实现"两个一百年"的经济社会目标，能否由要素驱动经济体变成创新驱动经济体，能否跳出"中等收入陷阱"，关键就看这届政府的作为。时不我待，在产能严重过剩的情况下，必须痛下决心处理僵尸企业，否则将失去发展良机。

①　http：//ngzb. gxnews. com. cn/html/2016 – 07/15/content_ 1287718. htm.

二 如何识别僵尸企业?

1. 僵尸企业的缘起

"僵尸企业"（zombie company）作为一个专业的经济学用语，可能最早源于美国俄亥俄州州立大学经济学家 Edward Kane 于 1987 年发表的一篇论文。[①] 按照维基百科的解释，僵尸企业是指这样一些负债企业，它们虽然可以产生现金流，但是扣除运营成本和固定成本之后，最多只能支付贷款利息，而无力偿还贷款本金。[②] 换言之，这样的僵尸企业本来应该死亡，但是依赖政府补贴或银行贷款勉强维持生存，并且无法恢复活力。

20 世纪 90 年代日本经济在资产价格泡沫破灭之后，陷入了衰退状态，出现了"失去的十年"。学术界普遍认为，主要原因就是日本有大量的僵尸企业，占用了大量无效率的银行贷款，甚至挤出了优秀的企业，出现了

[①] Edward Kane, 1987, "Dangers of Capital Forbearance: the Case of the Fslic and 'Zombie' S&Ls", *Contemporary Economic Policy*, Vol. 5, No. 1, pp. 77 – 83.

[②] "zombie company", https://en. wikipedia. org/wiki/Zombie_ company.

"逆向淘汰"。美国和日本的三个经济学家 Caballero、Hoshi 和 Kashyap 于 2008 年在世界最权威的经济学期刊《美国经济学评论》（AER）上发表了一篇论文，对日本僵尸企业的识别以及僵尸企业对资源配置效率的影响进行了深入分析，并引发了诸多后续研究。

最近三年，"僵尸企业"这个名词才开始出现在中国官方文件或会议中。2014 年 6 月 24 日，提请全国人大常委会审议的《国务院关于加强金融监管防范金融风险工作情况的报告》建议，严格控制对高耗能、高排放企业和产能过剩行业的贷款，对经营难以为继且产品缺乏竞争力的"僵尸企业"和项目，要实施破产或兼并重组。[①] 这可能是官方第一次使用"僵尸企业"这个专业术语。2015 年 3 月 20 日，国务院总理李克强在国家工商行政管理总局考察时提到了"僵尸企业"这个名词。[②] 此后，"僵尸企业"逐渐成为官方宏观调控政策的常用术语。例如，2015 年 9 月 14 日，在国务院新闻发布会上，国务院国有资产监督管理委员会副主任张喜武明确表示，要

---

① 《金融风险总体可控　部分领域重点防范》，http：//www. gov. cn/xinwen/2014 - 06/24/content_ 2707563. htm。

② 《李克强：商事制度改革要协同向纵深推进》，http：//www. gov. cn/zhuanti/2015 - 03/22/content_ 2838799. htm。

清理退出一批国有企业，对"僵尸"企业、长期亏损企业和低效无效资产要加大处置力度，实现国有资本形态转换，将变现的国有资本用于更需要的领域和行业。[①]

最近，中国学者也开始关注僵尸企业问题。例如，何帆等人介绍了国外文献对僵尸企业的研究状况，并使用 2007—2014 年中国上市公司的数据估计了僵尸企业的比例大致为 10%，且国有企业更容易成为僵尸企业。[②] 他们的系列文章对僵尸企业这个问题做了比较全面的介绍和分析，但使用上市公司数据难以反映众多中国企业的现实情况，并且对僵尸企业现状和原因的研究尚不够深入。谭语嫣等人[③]使用 1998—2007 年中国工业企业数据库研究了中国僵尸企业对资源配置的影响。然而，最近几年的产能过剩问题和僵尸企业问题与 2008 年之后大规模刺激计划有着千丝万缕的关系，并且目前的国企改革

---

① 《国新办就〈关于深化国有企业改革的指导意见〉有关情况举行吹风会》，http：//www. gov. cn/guowuyuan/2015 – 09/15/content＿ 2931720. htm。

② 何帆、朱鹤：《嘿，我发现了一只僵尸企业——僵尸企业系列研究之一》，财新网，http：//pmi. caixin. com/2016 – 01 – 11/100898020. html。何帆、朱鹤：《国有企业更容易变僵尸吗？——僵尸企业研究系列之八》，财新网，http：//pmi. caixin. com/2016 – 03 – 07/100917284. html。

③ 谭语嫣、黄益平、胡永泰：《中国的僵尸企业与对民间投资的挤出效应》，《亚洲经济论文》（Asian Economic Papers）2016 年。

不可能再推行 1998 年那样的大规模民营化和 2004 年之后的国有经济战略性调整。因此，如果没有 2008 年之后的企业数据，难以理解当前产能过剩和僵尸企业出现的原因，也难以为供给侧结构性改革提供可靠的政策建议。

本报告使用 1998—2013 年（2010 年除外）中国工业企业数据库和 1998—2015 年上市公司数据库，对中国僵尸企业进行了全面研究。相较于已有研究，我们有三方面改进：第一，中国工业企业数据库覆盖了中国工业企业销售额的 90%，[①] 因此更能反映出中国僵尸企业的实际情况。第二，我们使用的数据覆盖了 1998—2004 年和 2009 年至今这两次较大规模的产能过剩现象，既能反映现状，又能与上一次危机做出对比。第三，我们对僵尸企业出现的原因进行了深入分析和论证。

2. 僵尸企业的标准

（1）官方标准

2015 年 12 月 9 日，国务院总理李克强在国务院常务

---

① Huihua Nie and Huainan Zhao，2015，"Financial Leverage and Employee Death：Evidence from China's Coalmining Industry"，Available at SSRN 2369185（2015）.

会议上首次对"僵尸企业"提出了具体的清理标准，即要对持续亏损 3 年以上且不符合结构调整方向的企业采取资产重组、产权转让、关闭破产等方式予以"出清"。[①] 因此，僵尸企业的"官方标准"定义为：如果一家企业连续三年利润为负，则将这家企业识别为僵尸企业。

识别僵尸企业的官方标准，一方面比较贴近于人们对僵尸企业的认识，因此比较直观；另一方面也比较简单，因此在实践中易于操作。但是，官方标准也存在一些问题。首先，有些新兴行业中的成长型企业在成立最初几年都很难实现盈利，因此使用官方标准会把一些运转状况良好且发展潜力较大的企业错误识别为僵尸企业。例如，美国亚马逊公司自创立之后曾连续 20 年亏损，直至 2015 年才实现盈利。中国最大的物流企业之一京东自 2011 年至今仍是亏损。其次，在我国证券市场中连续 3 年经营亏损的上市公司必须进行退市预警，因此许多上市公司通过操纵利润避免退市。[②] 如果使用官方标准识别

---

① 《国务院重申清理"僵尸企业"　持续亏损 3 年以上企业成"靶心"》，http：//www. gov. cn/zhengce/2015 – 12/10/content_ 5022105. htm。

② 《A 股"不死鸟"玩转退市机制》，http：//finance. ifeng. com/a/20160302/14244668_ 0. shtml。

僵尸企业，这类企业将成为漏网之鱼。

（2）CHK 标准

与官方标准不同，经济学界主要从信贷的角度来理解僵尸企业。20 世纪 90 年代，日本经济出现了一种异常的现象：效益越差的企业获得的银行贷款越多，获得银行贷款越多的企业效益越差，甚至形成了一种恶性循环。针对这种现象，Caballero、Hoshi 和 Kashyap[①] 提出了一种识别僵尸企业的方法，学术界称之为"CHK 方法"。CHK 方法认为，如果一个企业为自己的债务所支付的利息非常低，甚至低于采用市场最低利率所要支付的利息，那么这个企业与银行之间的借贷关系就是非正常的，这个企业就极有可能是依靠银行贷款才能生存的"僵尸企业"。

一般来说，我们从公司财务信息中只能看到债务结构，例如企业有多少短期贷款、多少长期贷款，发行了多少债券，而并不能获得任何有关每笔贷款、每只债券具体利率的信息，因此我们并不能直接看出一家企业是

---

① Ricardo J. Caballero, Takeo Hoshi and Anil K. Kashyap, 2008, "Zombie Lending and Depressed Restructuring in Japan", *American Economic Review*, Vol. 98, No. 5, pp. 1943－1977.

否获得了银行在贷款方面的特殊照顾。然而，如果一家
企业是正常企业，那么他应当按照市场正常水平为其债
务支付利息；反之，如果一家企业实际支付的利息非常
低，甚至低于市场最低水平，那么银行很有可能在通过
低息甚至无息贷款给这家企业"输血"。CHK 方法实际
上是推断企业与银行之间是否正常的市场化借贷关系。

具体来说，Caballero、Hoshi 和 Kashyap 定义了一个
"最低应付利息"：

$$R_{i,t}^{*} = rs_{t-1}BS_{i,t-1} + \left(\frac{1}{5}\sum_{j=1}^{5}rl_{t-j}\right)BL_{i,t-1} + rcb_{5\,\text{years},t} \times$$

$Bonds_{i,t-1}$

其中，$BS_{i,t}$，$BL_{i,t}$ 和 $Bonds_{i,t}$ 分别代表企业 i 在 t 年末
的短期银行贷款（不足一年）、长期银行贷款（一年以
上）以及发行债券总额（包括可转债和含权债）；rs_t，rl_t，
$rcb_{5\,\text{years},t}$ 分别为 t 年的平均短期最低利率、t 年的平均长期
最低利率以及在 t 年前五年发行的可转债的最低票面利
率。也就是说，$R_{i,t}^{*}$ 是假设企业能获得市场最低利率时需
要为其债务支付的利息，即正常情况下企业需要为其债
务支付利息的下限。为了将企业的实付利息 $R_{i,t}$ 与利息下
限 $R_{i,t}^{*}$ 做比较，Caballero、Hoshi 和 Kashyap 将 $R_{i,t}$ 与 $R_{i,t}^{*}$

标准化。定义 t 年初企业 i 的总债务：

$$B_{i,t-1} = BS_{i,t-1} + BL_{i,t-1} + Bonds_{i,t-1} + CP_{i,t-1}$$

其中 $CP_{i,t-1}$ 是 t 年初企业 i 所发行的商业票据。定义利率差距（interest gap）为：

$$x_{i,t} \equiv \frac{R_{i,t} - R_{i,t}^*}{B_{i,t-1}} = r_{i,t} - r_{i,t}^*$$

那么当一家企业的利率差距为负（$x_{i,t} < 0$）时，将这家企业识别为僵尸企业。

CHK 方法从信贷的角度定义僵尸企业，比较符合 20 世纪 90 年代日本僵尸企业的主要特征，相较于官方方法更贴近于僵尸企业产生的本质。然而，与官方方法一样，CHK 方法也面临两种问题。首先，CHK 方法可能将一些正常企业误判为僵尸企业。一方面，在现实情况中有些企业由于经营状况良好、违约风险低，往往能从银行获得非常优惠的贷款；另一方面，政府为了扶持重要或新兴产业，会向一些成长型企业发放低息贷款。[①] 这两类企业由于实际利率很低，会被 CHK 方法识别为僵尸企业。其次，CHK 方法可能会放过一些真正的僵尸企业。例

---

① 《国开发展基金"金援"17 家上市公司》，http：//www. cnstock. com/v_ company/scp_ dsy/tcsy_ rdgs/201512/3650032. htm。

如，有些企业虽然看起来实际利率属于正常水平，但实际上盈利水平已经很低，利润尚不足以支付贷款利息，全靠向银行"借新贷还旧息"。那么使用 CHK 方法并不能识别出此类僵尸企业。

（3）人大国发院标准

针对 CHK 方法的两种缺陷，Fukuda 和 Nakamura[①] 在其基础上通过引入"盈利标准"（Profitability Criterion）和"持续信贷标准"（Evergreen Lending Criterion）对 CHK 标准进行了改进（FN – CHK 标准）。"盈利标准"是指，如果企业的息税前收入（EBIT）超过最低应付利息 $R_{i,t}^*$，则不被识别为僵尸企业。这样一来，那些盈利能力良好但实际利率较低的企业就不会被错误地识别为僵尸企业。"持续信贷标准"是指，如果企业 t 年的息税前收入低于最低应付利息 $R_{i,t}^*$，$t-1$ 年的外部债务总额超过其总资产的一半，并且 t 年的借贷有所增加，那么就将该企业识别为僵尸企业。这样一来，识别僵尸企业时就不会漏掉那些本身盈利已经很差、杠杆率已经很高却还在增加外部贷款的企业。

---

① Shin-ichi Fukuda and Jun – ichi Nakamura, 2011, "Why Did 'Zombie' Firms Recover in Japan", *World Economy*, Vol. 34, No. 7, pp. 1124 – 1137.

　　然而，Fukuda 和 Nakamura 对 CHK 方法的改进也不是完美的。在研究中国僵尸企业的过程中，我们发现了一个现象：有些企业仅仅在全部时间段中的一年被识别为僵尸企业。这与我们对僵尸企业的直观理解不符。既然是僵尸企业，肯定是"活不好、死不了"。某一年份是"僵尸"而下一年份马上复活的"僵尸企业"很可能只是在该年经营管理遇到暂时问题或短期受冲击的正常企业。因此，我们也对 CHK 方法进行了再次改进，提出了"人大国发院标准"：如果一个企业在 t 年和 $t-1$ 年都被 FN – CHK 方法识别为僵尸企业，那么该企业在 t 年被识别为僵尸企业。如无特别说明，我们将使用这种识别方法。

　　（4）举例说明

　　为了更详细地说明这几种僵尸企业识别标准之间的区别，我们假设有 A、B 两家存在"僵尸企业"嫌疑的企业。这两家企业 2011—2013 年的主要财务指标如表 1 所示。为了计算简便，我们假设 2011—2013 年的市场上最低的贷款利率保持不变，其中，市场最低短期贷款（一年期）年利率为 5%，并且这两家企业都只有短期贷款（一年期）而没有长期贷款，也都没有发行任何企业债券与商业票据。

如果我们使用官方标准，只有 B 企业在 2013 年符合
"连续三年利润为负"这一标准而被识别为僵尸企业；
A 企业虽然 2011 年和 2012 年的利润都很差，但 2013 年
的利润为正，因此在 2013 年时没有被识别为僵尸企业。

如果我们使用 CHK 标准，A 企业在 2012 年和 2013
年、B 企业在 2012 年都将被识别为僵尸企业；而 B 企业
在 2013 年没有被识别为僵尸企业。具体来说，根据"最
低应付利息"$R_{i,t}^*$ 的计算公式，某一年度的"最低应付利
息"是由上一年度持有的贷款及最低贷款利率决定的，
因此，A、B 企业在 2012 年、2013 年的最低应付利息都
是 100 元 × 5% = 5 元。而事实上，A 企业在 2012 年、
2013 年的利息支出以及 B 企业在 2012 年的利息支出都
是 4 元，"利率差距"为（4 - 5）÷100 = -1%，也就
是说 A、B 企业在这些年份实际支出的利息非常低，实
际利率甚至低于市场最低水平，因此被 CHK 标准识别为
僵尸企业。B 企业在 2013 年的利息支出是 6 元，大于其
当年的"最低应付利息"，因此没有被 CHK 标准识别为
僵尸企业。

如果我们使用 FN - CHK 标准，那么就可以在 CHK

标准的基础上一方面为好企业"平反",另一方面捕捉"漏网之鱼"。"盈利标准"认为如果企业的息税前收入高于企业的"最低应付利息",说明企业经营是可以维持的,即使企业的实际利率非常低也不能算作僵尸企业。那么,A企业2013年的息税前收入是6元,"最低应付利息"为5元,因此符合"盈利标准",不能被算作僵尸企业。捕捉"漏网之鱼"的工具是"持续信贷标准",具体来说有三个条件:本年息税前收入低于"最低应付利息"、上一年的外部债务总额超过其总资产的一半、本年借贷有所增加。那么,B企业2013年息税前收入为4元、低于"最低应付利息"(最低应付利息为100元×5%=5元);2012年债务总额(100元)超过总资产(150元)的一半;该年借贷总额(200元)大于上一年借贷总额(100元)。因此B企业在2013年按照FN-CHK标准则作为"漏网之鱼"被识别为僵尸企业。

如果使用人大国发院标准,A企业就不会被识别为僵尸企业。原因在于,虽然2011年、2012年A企业的经营状况都不太好,2012年A企业还被FN-CHK标准识别为僵尸企业,但是2013年A企业的经营状况全面好转,已经不是FN-CHK标准下的僵尸企业了。这说明A

企业在2011年、2012年遇到的经营困难只是暂时的,并且A企业已经证明了自己恢复正常运转的能力,因此人大国发院标准不把A企业识别为僵尸企业。而B企业由于连续两年都被FN－CHK标准识别为僵尸企业,因此在2013年在人大国发院标准下也被识别为僵尸企业。

表1　　　　　　　A、B两家企业主要财务指标（2011—2013年）　　　　（单位:元）

企业	年份	息税前收入	利息支出	利润	资产	短期贷款	$R_{i,t}^*$	官方标准	CHK标准	FN－CHK标准	人大国发院标准
A	2011	2	4	－2	150	100	—	—	—	—	—
	2012	2	4	－2	150	100	5	—	是	是	—
	2013	6	4	2	150	100	5	否	是	否	否
B	2011	3	4	－1	150	100	—	—	—	—	—
	2012	3	4	－1	150	100	5	—	是	是	—
	2013	4	6	－2	250	200	5	是	否	是	是

三 中国工业部门僵尸企业现状

现有的关于中国僵尸企业的研究几乎都使用了上市公司数据。相较于中国工业企业数据库，上市公司数据具有数据新、指标全、行业覆盖面广等优势。然而，上市公司对于中国全体企业来说代表性较弱，因此其数据并不适合用来研究中国的僵尸企业问题。

首先，相较于中国大部分企业来说，能够上市的企业都是资质相对良好、管理相对规范、盈利能力相对较强的企业。以 2013 年为例，上市公司的平均利润率为 18.35%，而规模以上工业企业的平均利润率却只有 5.51%。因此，使用上市公司数据来研究中国的僵尸企业问题就可能低估僵尸企业的比例。

其次，相较于中国大部分企业来说，上市公司的规模一般比较大。以 2013 年为例，规模以上工业企业的平均总资产为 8029.40 万元，95% 的企业总资产都在 3.01 亿元以下；而上市公司的平均总资产为 466.90 亿元，95% 的企业总资产都在 3.95 亿元以上。因此从规模上来说上市公司作为样本并不能代表中国大部分企业。

　　最后，由于上市公司中国有企业的比例很高，并且大部分企业都有国资背景，因此使用上市公司数据来研究中国的僵尸企业问题面临严重的所有制代表不足问题。以 2013 年为例，上市公司中约有 35% 的企业为国有或集体企业，而工业企业数据库中这一比例只有 2.75%。

　　由于上市公司数据的代表性较差，在本报告中我们将以中国工业企业数据库来分析中国的制造业僵尸企业问题。

　　本报告所用到的中国工业企业包含了 1998—2013 年全部国有企业和规模以上非国有工业企业，约占中国工业企业总销售额的 90%[①]，因此具有良好的代表性。首先，我们参考 Brandt 等[②]的方法，对数据进行跨期匹配。简单来说，我们先根据法人代码和企业名称对企业进行交叉匹配，未能匹配上的样本再根据"地址代码 + 法人代表姓名"和"地址代码 + 电话号码 + 开业年份"进一

---

　　①　Huihua Nie and Huainan Zhao, 2015, "Financial Leverage and Employee Death：Evidence from China's Coalmining Industry", Available at SSRN 2369185（2015）.

　　②　Loren Brandt and Hongbin Li, 2003, "Bank Discrimination in Transition Economies：Ideology, Information, or Incentives?", *Journal of Comparative Economics*, Vol. 31, No. 3.

步匹配。其次，我们参照聂辉华等[①]的方法，对数据进行了一些必要的技术处理。例如，删除关键变量异常或缺失的观测值。此外，由于数据真实性可能存在问题，谨慎起见，我们暂时没有使用 2010 年的数据，并把 2009 年和 2011 年看作两个连续的年份。最后，我们得到了 1998—2013 年（2010 年除外）由 792267 个企业、3636479 个观测值组成的一个面板数据集。

1. 分年份统计

图 2、图 3 分别描绘了利用上市公司数据和中国工业企业数据库所做的分年份僵尸企业统计。从图 2 中可以看出，从 2001 年开始，上市公司中僵尸企业的数量一直持续上升，并在 2013 年左右达到高峰（约 410 家）；2010 年之后僵尸企业的数量基本稳定，2013 年以来甚至有所下降。然而，上市公司中僵尸企业的比例一直比较稳定，2003 年之后一直在 13% 左右波动，2013 年以来比例有所下降。

由于 2004 年之后国有经济进行了战略性调整，并且

---

① 聂辉华、江艇、杨汝岱：《中国工业企业数据库的使用现状和潜在问题》，《世界经济》2012 年第 5 期。

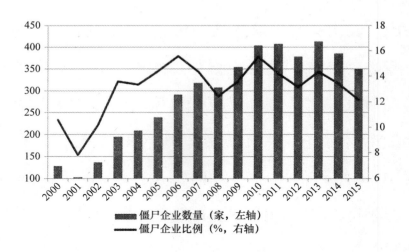

图2 分年份僵尸企业统计（上市公司）

国企改革暂告一个段落。因此我们在本报告中以2004年为界，将全部样本分为两个样本期进行比较分析。从图3中可以看出，2000—2004年规模以上企业中僵尸企业的比例一直很高，均值为17.09%。僵尸企业数量的高峰出现在2000年，超过4万家规模以上企业是僵尸企业，占当年规模以上企业的比例高达约27%。随着国企改革的进行，僵尸企业数量和比例都有所下降。2005—2013年，僵尸企业的比例在波动中呈现下降趋势，均值为7.51%。值得关注的是，2012年以后，僵尸企业数量和比例均大幅回升，这与近两年来官方、媒体所强调的僵尸企业问题是一致的。

有趣的是，上市公司和规模以上工业企业的僵尸企

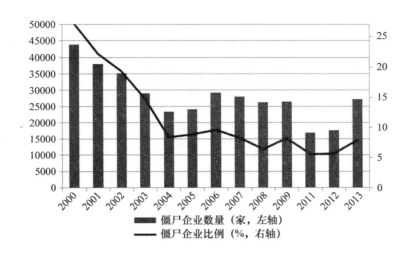

图3　分年份僵尸企业统计（中国工业企业数据库）

业，无论从数量上还是比例上看，其走势都有很大差别。我们认为，这种差别主要是由上市公司严重的样本选择问题造成的。从图2中可以看出，上市公司中僵尸企业的比例一直比较稳定。一方面，中国A股上市公司数量从2000年的1200家左右增加到2015年的2800家左右；另一方面，能够在A股上市的企业都是资质相对较好、规模相对较大的企业。因此上市公司中僵尸企业数量持续上升的主要原因应当是上市公司数量的持续大幅上升，上市公司僵尸企业的情况变化也并不能代表中国大多数企业的实际情况。反观规模以上工业企业的数据，无论是僵尸企业数量还是僵尸企业比例都在2000—2013年有较大的波动，并且波动趋势与总体宏观经济形势、国企改革政策比较一致。因此，我们认为不能用上市公司僵尸企业的情况来推测、判断中国目前面临的僵尸企业问题总体状况，遑论以此为依据提出政策建议。

为了直观看出三种不同的僵尸企业识别标准带来的差异，并对僵尸企业的比例进行比较全面的估计，我们在图4中基于中国工业企业数据库描述了三种方法估计的2002—2013年中国制造业的僵尸企业比例。图4显示，如果按照CHK标准，中国制造业的僵尸企业比例每年都高达20%以上，最高时甚至超过了45%。这显然是因为CHK标准没有考虑到中国的产业政策，政府和银行对很多企业进行了贴息贷款和补助，因此导致很多正常的企业被误判为僵尸企业。而如果按照官方标准，2007—2013年僵尸企业的比例均不到5%，甚至一度低至2%。如果事实如此，则根本不必担心僵尸企业问题。按人大国发院标准，估计最近十年僵尸企业比例不超过10%。人大国发院标准刚好介于官方标准和CHK标准之间，并且在数值上更接近于官方标准。如果说，按官方标准估计的僵尸企业比例是下限的话，那么按CHK标准估计的僵尸比例就是上限，而人大国发院标准则是两者的折中，因此更为稳重。

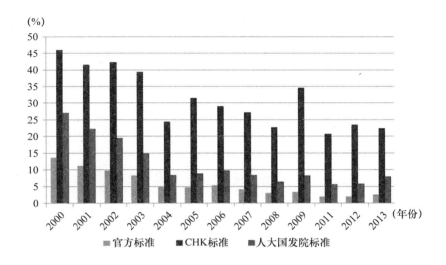

图4　三种标准估计的僵尸企业比例

从图3、图4来看，总体上中国制造业僵尸企业的比例是在逐渐下降的，更重要的是，目前最严重的形势已经过去了。虽然这几年关于僵尸企业的文件、媒体报道非常密集，但是历史地看，其严峻形势远不如1998—2000年的三年国企脱困时期。根据官方数据，1999年在全部20.7万家国有企业中，亏损企业有11.18万家，亏损面达53.9%，亏损国有企业比例高达50%以上[①]。1998—1999年全国国有企业共产生下岗职工2428万人，其中1998年为1254万人，1999年为1174万人。2000年国有

---

①　"国有企业经营效益"课题组（孟建民、申书海、区利民、张清）：《1999年我国国有企业经营效益统计分析》，《中国工业经济》2000年第9期。

企业下岗职工为 657 万人。①

2. 分行业统计

规模以上工业企业的分行业僵尸企业统计情况如表 2 所示。这里采用的是 2002 年国民经济行业分类标准（GB/T 4754—2002）。僵尸企业比例最高的 5 个行业是：水的生产和供应业（25.99%），电力、热力的生产和供应业（19.14%），化学纤维制造业（18.10%），黑色金属冶炼及压延加工业（15.00%）和石油加工、炼焦及核燃料加工业（14.46%）。僵尸企业比例最低的 5 个行业是：其他采矿业（0），木材加工及木、竹、藤、棕、草制品业（3.37%），非金属矿采选业（3.66%），烟草制造业（4.10%）和农副食品加工业（4.92%）。

表 2　　　　分行业僵尸企业统计（工业企业数据库，2013 年）

行业名称	企业数量	僵尸企业数量	僵尸企业比例（%）
其他采矿业	19	0	0
木材加工及木、竹、藤、棕、草制品业	8519	287	3.37

---

①　数据来源：《2000 年度劳动保障事业发展统计公报》，《劳动保障通讯》2001 年第 6 期。

续表

行业名称	企业数量	僵尸企业数量	僵尸企业比例（％）
非金属矿采选业	3521	129	3.66
烟草制造业	122	5	4.10
农副食品加工业	23165	1140	4.92
食品制造业	7553	407	5.39
有色金属矿采选业	1583	89	5.62
仪器仪表及文化、办公用机械制造业	3822	217	5.68
工艺品及其他制造业	5844	350	5.99
黑色金属矿采选业	3218	198	6.15
非金属矿物制品业	30431	1884	6.19
家具制造业	4824	305	6.32
饮料制造业	5650	358	6.34
文教体育用品制造业	3376	221	6.55
燃气生产和供应业	1113	74	6.65
皮革、毛皮、羽毛（绒）及其制品业	6343	422	6.65
橡胶制品业	3493	238	6.81
化学原料及化学制品制造业	23825	1728	7.25
纺织服装、鞋、帽制造业	15133	1120	7.40
专用设备制造业	15731	1165	7.41
医药制造业	6563	491	7.48
通用设备制造业	26216	2012	7.67
塑料制品业	14167	1109	7.83
通信设备、计算机及其他电子设备制造业	12733	1015	7.97
电器机械及器材制造业	21277	1724	8.10
金属制品业	18903	1540	8.15
煤炭开采和洗选业	6887	570	8.28
废弃资源和废旧材料回收加工业	1300	108	8.31
交通运输设备制造业	16447	1435	8.72
造纸及纸制品业	6669	615	9.22

续表

行业名称	企业数量	僵尸企业数量	僵尸企业比例（%）
印刷和记录媒介的复制业	4760	448	9.41
石油和天然气开采业	282	28	9.93
有色金属冶炼及压延加工业	3811	424	11.13
纺织业	19975	2246	11.24
石油加工、炼焦及核燃料加工业	1978	286	14.46
黑色金属冶炼及压延加工业	6633	995	15.00
化学纤维制造业	1867	338	18.10
电力、热力的生产和供应业	5769	1104	19.14
水的生产和供应业	1316	342	25.99
合计	344838	27167	7.88

　　考虑到中国工业企业数据库只覆盖了包括采掘业，制造业和电力、燃气及水的生产和供应业在内的工业企业，从行业覆盖度上对中国企业的整体情况体现力不足。因此，我们在表3中提供了使用2013年上市公司数据得到的分行业僵尸企业统计结果（采用"申万行业分类标准"）。僵尸企业比例最高的5个行业是：钢铁（51.43%）、房地产（44.53%）、建筑装饰（31.76%）、商业贸易（28.89%）和综合类（21.95%）。僵尸企业比例最低的5个行业是：银行（0）、传媒（4.12%）、非银金融（4.65%）、计算机（5.23%）和休闲服务（5.88%）。

表3　　　　　　　　分行业僵尸企业统计（上市公司，2013年）

申万行业	企业数量	僵尸企业数量	僵尸企业比例（%）
银行	16	0	0
传媒	97	4	4.12
非银金融	43	2	4.65
计算机	153	8	5.23
休闲服务	34	2	5.88
电子	158	11	6.96
纺织服装	78	6	7.69
通信	65	5	7.69
农林牧渔	85	7	8.24
食品饮料	78	7	8.97
家用电器	60	6	10.00
电气设备	160	17	10.63
机械设备	270	29	10.74
化工	259	28	10.81
建筑材料	72	8	11.11
医药生物	217	26	11.98
轻工制造	98	12	12.24
国防军工	34	5	14.71
汽车	124	19	15.32
有色金属	106	18	16.98
采掘	57	10	17.54
交通运输	91	16	17.58
公用事业	122	25	20.49
综合类	41	9	21.95
商业贸易	90	26	28.89
建筑装饰	85	27	31.76
房地产	137	61	44.53

续表

申万行业	企业数量	僵尸企业数量	僵尸企业比例（％）
钢铁	35	18	51.43
总计（工业）	2184	294	13.46
总计	2865	412	14.38

3. 分地区统计

中国各地区僵尸企业数量如表4和表5所示。从图中可以看出，经济发达的沿海省份，例如山东、江苏、浙江、广东，僵尸企业数量最多；经济发展水平较低的中西部省份，例如青海、西藏、甘肃、贵州，僵尸企业数量较少。我们发现，2000—2004年僵尸企业的数量分布与2005—2013年僵尸企业的数量分布几乎一致。

中国各地区僵尸企业占全部企业的比例则与僵尸企业的数量分布很不一致。经济发展水平较高的东部、南部地区僵尸企业比例比较低，而经济发展水平较低的西南、西北和东北地区僵尸企业比例较高。这说明经济发展水平较高的地区虽然僵尸企业数量多，但是由于基数大，僵尸企业的问题并不严重；问题真正严重的是经济发展水平较低的地区，这些地区本来经济底子差、增速低、产业结构往往较为单一，如今又被僵尸企业拖累，清理僵尸企业必将面临更大的挑战和不确定性。此外，值得注意的是，僵尸企业比例的分布在 2000—2004 年和 2005—2013 年这两个时间段内差别比较大。中部和西南地区的僵尸比例在下降，而西部地区的僵尸比例有所上升。

2000—2004 年僵尸企业比例最高的 5 个省区是云南（35.57%）、陕西（33.74%）、广西（28.95%）、新疆（27.91%）、宁夏（27.72%），僵尸企业比例最低的 5 个省市区是西藏（4.00%）、浙江（9.60%）、福建（10.63%）、广东（11.00%）、天津（12.38%）。2005—2013 年僵尸企业比例最高的 5 个省市区是宁夏（17.06%）、山西（15.31%）、甘肃（15.09%）、云南（14.80%）、北京（13.95%），僵尸企业比例最低的 5 个省区是西藏（3.61%）、河南（4.23%）、山东（4.29%）、湖南（4.44%）、福建（4.68%）。

表4　　　　中国各地区僵尸企业数量、比例表（2000—2004 年）

	企业数量	僵尸企业数量	僵尸企业比例（%）
西藏	1576	63	4.00
浙江	121983	11705	9.60
福建	41091	4368	10.63

续表

	企业数量	僵尸企业数量	僵尸企业比例（%）
广东	122171	13433	11.00
天津	28131	3482	12.38
上海	55250	7502	13.58
北京	24402	3677	15.07
山东	77504	11916	15.37
江苏	124223	21892	17.62
辽宁	36172	6657	18.40
河南	50149	9549	19.04
河北	39838	7872	19.76
湖北	31284	6185	19.77
海南	3024	628	20.77
湖南	28741	6176	21.49
甘肃	14108	3249	23.03
吉林	13549	3164	23.35
青海	2104	498	23.67
内蒙古	8052	1918	23.82
四川	26723	6407	23.98
重庆	11051	2702	24.45
江西	16893	4185	24.77
黑龙江	13490	3514	26.05
安徽	20237	5293	26.16
山西	18730	4919	26.26
贵州	10788	2937	27.22
宁夏	2291	635	27.72
新疆	6692	1868	27.91
广西	15750	4560	28.95
陕西	13044	4401	33.74
云南	10536	3748	35.57

表5　　　　　中国各地区僵尸企业数量、比例表（2005—2013 年）

	企业数量	僵尸企业数量	僵尸企业比例（%）
西藏	803	29	3.61
河南	120439	5094	4.23
山东	280023	12017	4.29
湖南	71959	3192	4.44
福建	115178	5389	4.68
江西	48054	2323	4.83
辽宁	130199	7748	5.95
广东	316093	19356	6.12
吉林	34452	2224	6.46
安徽	79922	5442	6.81
四川	85954	5972	6.95
湖北	79561	5809	7.30
重庆	33790	2480	7.34
江苏	350821	26937	7.68
河北	88764	7211	8.12
内蒙古	27510	2394	8.70
上海	101235	8955	8.85
天津	46539	4482	9.63
广西	35666	3690	10.35
浙江	346904	36506	10.52
青海	3258	349	10.71
黑龙江	27294	2943	10.78
贵州	19387	2338	12.06
陕西	27787	3462	12.46
海南	3706	486	13.11
新疆	13204	1803	13.65
北京	41636	5808	13.95
云南	21981	3254	14.80

	企业数量	僵尸企业数量	僵尸企业比例（%）
甘肃	13075	1973	15.09
山西	30947	4738	15.31
宁夏	6097	1040	17.06

4. 分所有制统计

按照企业的注册类型，我们把工业数据库中的企业分为三种所有制：国有和集体企业、民营企业、港澳台及外商企业。这三类所有制企业的僵尸企业情况如图5所示。无论是2004年以前还是2004年以后，国有和集体企业中僵尸企业的比例都最高，而民营企业和港澳台及外商企业中僵尸企业的比例相近，远低于国有和集体企业中僵尸企业的比例。

5. 分规模统计

根据国家统计局在2003年和2011年发布的大中小微型企业划分方法，我们把数据库中的企业划为大型企业、中型企业、小型企业三类。① 这三种规模企业中存在

———————

① 《统计上大中小微型企业划分办法》，http：//www.stats.gov.cn/tjsj/tjbz/201109/t20110909_ 8669. html。

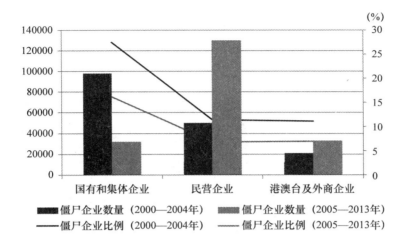

图 5　分所有制僵尸企业统计

的僵尸企业情况如图 6 所示。其中，大型企业和中型企业的僵尸企业比例最高，但由于基数比较小，大部分僵尸企业还是小型企业。

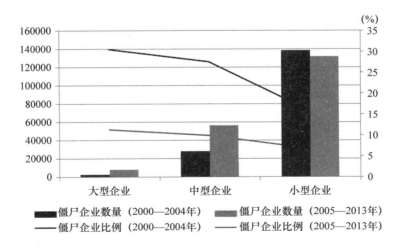

图 6　分规模僵尸企业统计

6. 分年限统计

我们把所有样本企业按照年限分为三组：1—5 年、6—30 年、30 年以上。使用 2013 年的数据，分年限的僵尸企业统计情况如图 7 所示。随着企业年限的增长，僵尸企业的比例越来越高。成立 1—5 年的企业中，只有约 3% 的企业是僵尸企业；而在成立超过 30 年的"老"企业中，约有 23% 的企业都是僵尸企业。这暗示了很多僵尸企业都是老企业，再加上国企身份、规模大，势必给处置僵尸企业工作带来诸多挑战。

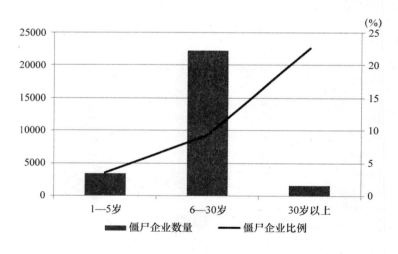

图 7　分年限僵尸企业统计（2013 年）

7. 僵尸企业变化的模式

正常企业一旦变成僵尸，那么在接下来的三年中会怎样变化呢？图8和图9分别提供了2000—2004年新增僵尸企业与2005—2013年新增僵尸企业的相关统计情况。对于2000—2004年新增的僵尸企业来说，如果把每个企业第一次变为僵尸企业的年份设为第零年的话，那么一年过后，约有60%的企业仍然是僵尸企业，约有25%的企业恢复为正常企业，剩下15%的企业可能由于规模过小、倒闭、被重组等原因没有出现在我们的数据中；在变为僵尸企业后的第三年，只有不到30%的企业仍然是僵尸企业，2/3的企业已经消失在我们的样本中。

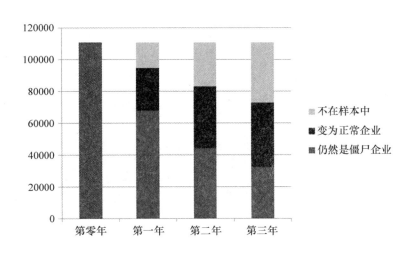

图8　僵尸企业变化模式（2000—2004年产生的僵尸企业）

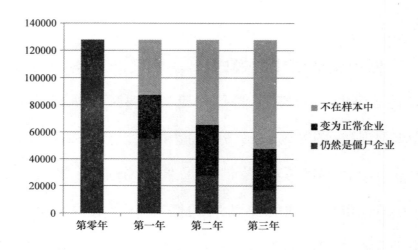

图 9　僵尸企业变化模式（2005—2013 年产生的僵尸企业）

对于 2005 年以后新增的僵尸企业来说，"恢复"或是"调整"的过程就更快了。在第一次成为僵尸企业的三年之后，只有 15% 的企业仍是僵尸企业，约 2/3 的企业已经消失在样本中。两个时期对比，说明市场机制或政府手段对僵尸企业的调整功能明显增强了。

8. 重点行业

2008 年 9 月国际金融危机全面爆发后，中国政府采取了 4 万亿元经济刺激计划，通过政府投资、扩大信贷、增发货币和债券等多种手段，重点支持了基础设施建设、农村建设、医疗卫生建设和生态环境建设等方面的投资。与此有关，相关行业在最近几年也成为产能过剩的重点领域。下面，我们以煤炭、钢铁、水泥、玻璃、建筑机械和医药制造业为例进行简单的描述。其中，价格指数采用的是该年该行业的生产者出厂价格指数（基年2001年＝100）。

（1）煤炭行业

表6　　　　　　　　　中国各地区僵尸企业分布（煤炭行业）

	企业数量	僵尸企业数量	僵尸企业比例（％）
北京	253	11	4.35
天津	35	10	28.57
河北	1934	284	14.68
山西	14210	1521	10.70
内蒙古	3101	222	7.16
辽宁	1744	184	10.55
吉林	1326	151	11.39
黑龙江	2098	227	10.82
上海	3	0	0
江苏	211	33	15.64
浙江	29	10	34.48
安徽	978	109	11.15
福建	1711	81	4.73
江西	2008	167	8.32
山东	3375	204	6.04
河南	6828	299	4.38
湖北	1121	84	7.49
湖南	6360	482	7.58

续表

	企业数量	僵尸企业数量	僵尸企业比例（%）
广东	121	22	18.18
广西	233	74	31.76
海南	4	4	100.00
重庆	3184	218	6.85
四川	7230	413	5.71
贵州	4679	206	4.40
云南	2917	321	11.00
西藏	8	0	0
陕西	3692	254	6.88
甘肃	967	158	16.34
青海	267	27	10.11
宁夏	706	100	14.16
新疆	1096	186	16.97

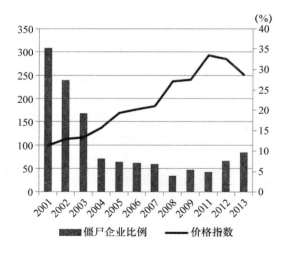

图 10　煤炭行业（非上市公司）

（2）钢铁行业

表7　　　　　　　中国各地区僵尸企业分布（钢铁行业）

	企业数量	僵尸企业数量	僵尸企业比例（％）
北京	480	89	18.54
天津	3361	395	11.75
河北	5414	685	12.65
山西	3272	542	16.56
内蒙古	2176	284	13.05
辽宁	5366	566	10.55
吉林	680	112	16.47
黑龙江	447	92	20.58
上海	1674	274	16.37
江苏	10885	1372	12.60
浙江	6904	969	14.04
安徽	1240	152	12.26
福建	1910	209	10.94
江西	831	85	10.23
山东	4104	283	6.90
河南	3019	295	9.77
湖北	1635	200	12.23
湖南	3337	225	6.74
广东	3993	317	7.94
广西	2279	282	12.37
海南	76	18	23.68

续表

	企业数量	僵尸企业数量	僵尸企业比例（%）
重庆	1113	133	11.95
四川	3484	452	12.97
贵州	2313	443	19.15
云南	1540	287	18.64
西藏	5	1	20.00
陕西	835	155	18.56
甘肃	1195	190	15.90
青海	407	74	18.18
宁夏	693	188	27.13
新疆	522	80	15.33

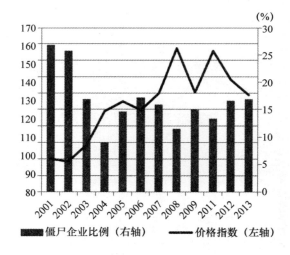

图 11　钢铁行业（非上市公司）

（3）水泥行业

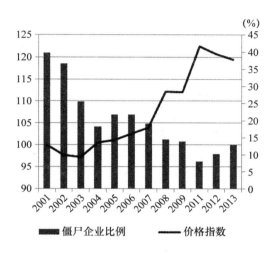

图 12 水泥行业

（4）玻璃行业

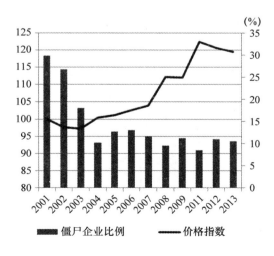

图 13 玻璃行业

（5）建筑工程用机械制造业

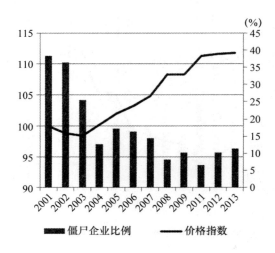

图 14　建筑工程用机械制造业

（6）医药制造业

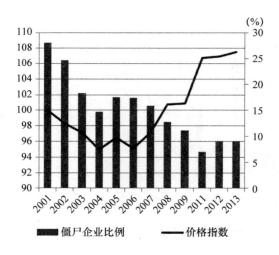

图 15　医药制造业

上面这些重点行业的僵尸企业比例描述告诉我们什么呢？第一，煤炭和钢铁行业的僵尸比例与资源禀赋和地理位置有关，前者与产煤区的分布高度一致，后者主要与东部临海省份有关。第二，价格指数与僵尸企业比例负相关。第三，以上行业在2008—2009年的僵尸企业比例降至最低，随后比例开始提高。我们会在后面继续分析。

四 僵尸企业产生的原因

以上分析描述了中国制造业僵尸企业的总体状况，为我们理解僵尸企业提供了一个轮廓。但是，更重要的是要理解僵尸企业产生的机制，才能对症下药，并最终消灭僵尸企业，让市场在资源配置过程中起决定性作用，让市场真正实现优胜劣汰。我们认为，导致僵尸企业出现的主要原因有以下几点。

1. 政企合谋

僵尸企业的产生不是单纯的经济问题，当然也不是单纯的所有制问题。事实上，中国作为一个转型经济体，企业的发展和资源的分配都难以摆脱政治体制带来的重要影响。因此，中国的一切问题归根结底都是政治经济学问题。

在政治集权和经济分权的大背景下，在以 GDP 为主要指标的官员绩效考核制度下，在中央政府、地方政府和企业三者博弈的过程中，存在以下三个重要特征。第一，企业可以采取两种生产技术：一种是好的、高成本的、环保的、合规的、安全的或有效率的技术，另一种是坏的、低成本的、污染的、违规的、危险的或无效率的技术。第二，地方政府对辖区内企业采取了什么技术比较清楚，但是中央政府只能看到地方的产出，看不到企业采取了什么技术，即中央和地方（及企业）之间存在严重的信息不对称。第三，地方政府的官员任期很短，难以考虑企业生产的长远后果。在这种情况下，地方政府就可能与企业"合谋"。① 在政企合谋的过程中，企业通过减少成本得到了更多利润，地方政府官员则通过政企合谋得到了更多的财政收入、更大的政治晋升概率，但是这种政企合谋将给整个社会带来负面后果和长期影响。

在僵尸企业这一问题上，地方政府与企业间也会存在合谋，例如地方政府不断给濒临破产的僵尸企业进行各种形式的"输血"，或者给非僵尸企业施加就业压力和产量扩张压力，然后再通过补贴和贷款来维持其局面。这使得本来不是僵尸的企业变成了"僵尸"、已经是

---

① 聂辉华、李金波：《政企合谋与经济发展》，《经济学》（季刊）2006 年第 6 卷第 1 期（10 月）。聂辉华、张雨潇：《分权、集权与政企合谋》，《世界经济》2015 年第 6 期。

"僵尸"的企业更加难以清理。

政企合谋之所以能够存在，是因为维持僵尸企业不破产对于地方政府和企业来说都是有利的。对于企业来说，就算已经成为"僵尸"也希望能够尽量维持而不是马上破产清算。一方面，存在"好死不如赖活着"的观念，如果能够依靠地方政府输血延续企业生命，总好过企业马上破产清算；另一方面，当行业产能过剩时，势必有一些落后产能被淘汰，如果企业能够靠政府输血勉强支撑，就有希望比别的企业"活得长"、获得"重生"的转机。

对于地方政府来说，维持僵尸企业不破产是有利的。有些企业是地方政府的"面子工程""政绩工程"，经营良好时政府提供各种补贴、支持，就算经营不善地方政府也会不惜代价地维持。有些企业是地方经济的支柱，为了保证就业、维护社会稳定，地方政府也会持续不断地向亏损企业输血。例如，江西省新余市的赛维 LDK 曾经是全球光伏产业巨头之一，也是这个赣西小城的经济支柱，最多时曾为新余市贡献超过 60% 的财政收入，因此深得地方政府的"厚爱"：不但廉价拿地，还能"特事特办"，地方政府每年补贴上亿元的电费，更不用说获得各大银行丰厚的贷款。① 然而，就算赛维 LDK 如今成了一家濒临破产的僵尸企业，成为地方经济的沉重负担，地方政府仍然努力扶持，不希望它破产。当地某官员曾经表示："保住赛维，就保住了新余这几万人的饭碗"，"希望赛维能够撑下来，渡过这个难关，不只是新余市的事情，整个江西省都达成了共识"。②

　　然而，地方政府和企业之间的"合谋"造成的后果是由整个社会来承担的。一方面，由僵尸企业代表的落后产能得不到淘汰，产能过剩问题就难以得到根本解决；"僵尸企业"这颗毒瘤越长越大，一旦破裂将给社会经济带来更大的危害。另一方面，政府补贴、银行贷款等社会资源都源源不断地流入僵尸企业，而生产效率高、经营状况好的企业却难以获得这些资源，这种资源错配将会造成"劣胜优汰"，影响经济长期发展。

　　我们使用 2008—2013 年中国工业企业数据库对以上

---

　　① 《赛维和新余纠结的"爱恨"关系》，http：//solar. ofweek. com/2014 - 08/ART - 260001 - 8120 - 28868059. html；《被政府"撑死"的赛维 LDK》，http：//solar. ofweek. com/2012 - 07/ART - 260008 - 8500 - 28624794. html。

　　② 《"僵尸公司"赛维的七年之痒：债务都是表象》，http：//finance. ifeng. com/news/corporate/20120806/6875215. shtml。

推断进行了验证。我们以三个指标作为政企合谋的度量：企业是否获得补贴、企业的冗员比例、企业是否为国企。具体来说，我们将企业是否为僵尸企业（zombie）作为因变量，将滞后两期的补贴（subsidy）、企业2008年时的冗员数量（worker－residual）以及企业是否为国有或集体企业（state－owned）作为主要自变量对以上推断进行实证检验，结果如表4所示。① 第（1）列结果显示，企业在两年前受到的政府补贴越多，在两年后成为僵尸企业的概率就越大。第（2）列结果显示，企业的冗员越多，成为僵尸企业的概率越大。第（3）、（4）列结果显示，企业盈利能力越差、规模越大，越容易成为僵尸企业；并且，企业规模将会放大低盈利企业成为僵尸企业的可能。此外，企业成立时间越长，越容易成为僵尸企业；民营企业和港澳台及外商企业成为僵尸企业的概率显著低于国有企业。上述回归结果不仅从另外一些角度印证了政企合谋的结论，而且以更严谨的方式确认了

---

① 企业冗员的计算方法来源于：曾庆生、陈信元《国家控股、超额雇员与劳动力成本》，《经济研究》2006年第5期。由于工业企业数据库中缺少2009年以后的工人数据，因此在这里使用企业2008年的冗员情况作为代理变量。所有回归中均控制了滞后的总资产（asset）、年限（age）、企业是否为国有或集体企业（state－owned）。

之前描述性统计的部分结果。

表8 补贴、冗员与僵尸企业

变量	（1）zombie	（2）zombie	（3）zombie	（4）zombie
L2. subsidy	2.12e－07** (7.30e－08)			
worker－residual		1.86e－06*** (4.66e－07)		
L2. roa			－0.0101*** (0.000443)	－0.0112*** (0.000491)
L. asset	1.77e－09*** (2.14e－10)	1.59e－09*** (2.13e－10)	1.97e－09*** (1.65e－10)	1.72e－09*** (1.78e－10)
L2. roa × L. asset				3.83e－09*** (1.10e－09)
L. age	0.00255*** (6.25e－05)	0.00229*** (6.78e－05)	0.00233*** (4.98e－05)	0.00233*** (4.98e－05)
state－owned	0.0162*** (0.00222)	0.0171*** (0.00210)	0.0182*** (0.00172)	0.0182*** (0.00172)
观测值个数	425933	613784	940377	940377

注：小括号内为标准误，***表示$p<0.01$，**表示$p<0.05$，*表示$p<0.1$。

2. 地方政府之间和国企之间的恶性竞争

从一些案例中我们了解到，僵尸企业在遇到经营困难之前往往经历了大规模的、非理性的扩张，而在中国特殊的政治经济环境下，这种扩张和地方政府间、企业间的恶性竞争密切相关。

　　1994 年的分税制改革强化了地方政府之间的 GDP 竞赛。这种分权式竞争一方面给予地方政府前所未有的发展经济、改善公共服务的激励；另一方面也引发了地区之间的恶性竞争，例如地方保护主义、重复建设等，为僵尸企业的产生埋下了隐患。以光伏产业为例，当这个产业刚刚兴起的时候，许多地方政府一拥而上支持这个行业的发展，造成重复建设、产能过剩。此后各地方政府又纷纷出台政策、提供优惠和补贴来支持当地企业，希望能够通过自己的"扶持"来"挤垮"其他地区的企业。在这种类似于囚徒困境的博弈中，整个光伏行业都陷入困境，许多曾经是行业领导者的企业都因无法盈利、债务缠身而成为僵尸企业。[①]

　　除了地方政府间的恶性竞争外，企业间的恶性竞争也是僵尸企业产生的渊薮。在应对 2008 年经济危机带来的产能过剩问题时，许多政府部门出台政策鼓励企业兼并、"以大吃小"。[②]甚至在行业救助时直接规定只救助一

---

① 《六大六小：政府包办婚姻能幸福？》，http：//www. cecol. com. cn/a/20121107/309201394. html。

② 《14 部委表态鼓励煤矿企业以大吃小》，http：//news. sina. com. cn/c/2009 - 08 - 31/150918555764. shtml；《钢铁企业鼓励"大吃小"》，ht-tp：//paper. dzwww. com/qlwb/data/20081213/html/2/content_ 5. html。

定数量的大企业。① 这直接造成了企业间"竞相做大"的恶性竞争。事实上，这种竞争是一种"囚徒困境"。由于政府只扶持维护大企业，所有企业都不顾实际盈利状况片面做大、竞相兼并本该被淘汰的落后产能，为成为僵尸企业埋下了隐患。从 2010 年开始，国资委一直致力于鼓励央企重组、缩减央企数量。② 2015 年 12 月中央经济工作会议提出"促进房地产业兼并重组"后，一些央企为了不被别的企业"吃掉"，疯狂拿地、频繁举牌创造"地王"；一方面是做大规模，另一方面是通过获取高价地块做高成本，从而彻底打消那些主业为地产的央企吃掉自己的念头。③ 此外，国有企业的领导并不是企业的所有者，因此在经营企业时更多关注国资委对自己的考核或是升迁的可能，而较少从企业盈利的角度做出决策。杨瑞龙等④发现央企领导人的考核与升迁机制是

① 《光伏救市圈定范围"六大六小"名单出炉》，http：//business. sohu. com/20120929/n354163048. shtml。

② 《李荣融：今年要把央企调整到 100 家以内》，http：//money. 163. com/10/0724/05/6CB63TJK00253B0H. html。

③ 《新地王时代的博弈：分析称央企挟土地以令国资委》，http：//finance. sina. com. cn/roll/2016 - 07 - 04/doc-ifxtsatm1310729. shtml? from = wap。

④ 杨瑞龙、王元、聂辉华：《"准官员"的晋升机制：来自中国央企的证据》，《管理世界》2013 年第 3 期。

"规模导向型"。具体来说,央企营业收入增长率的增加会提高央企领导升迁的概率,而国有资本保值增值率没有对央企领导的政治升迁产生显著正的影响。在这样的激励机制下,央企领导片面追求做大企业就不足为奇了。

3. 大规模刺激的后遗症

2008 年 11 月,为了应对国际金融危机给我国经济带来的压力,中国政府推出了投资总量约 4 万亿元的经济刺激计划。4 万亿元投资计划对于缓解经济困境发挥了重要作用,但是在局部地区和局部行业引起了过度投资、盲目扩张,埋下了产生僵尸企业的隐患。

根据国家发改委公布的 4 万亿元投资重点投向和资金测算,我们将工业行业分为两类,一类是在 4 万亿元投资计划中受影响较大的重点行业(例如煤炭开采和洗选业、黑色金属冶炼及压延加工业、通用设备制造业等),另一类是几乎不受 4 万亿元投资计划影响的非重点行业(例如食品制造业、家具制造业、塑料制品业等)。① 这两类行业在 2008—2013 年僵尸企业比例的变化

---

① 《发展改革委通报 4 万亿元投资重点投向和资金测算》,http://www. gov. cn/gzdt/2009 – 03/06/content_ 1252229. htm。

如图 16 所示。2008—2011 年，非重点行业的僵尸企业比例一直高于重点行业，并且二者之间的差距基本保持稳定；2011 年之后，二者之间的差距不断缩小，2013 年时重点行业的僵尸企业比例快速上升，甚至高于非重点行业僵尸企业比例。也就是说，4 万亿元投资计划主要刺激的行业在 5 年之后遭遇了更为严重的僵尸企业危机。

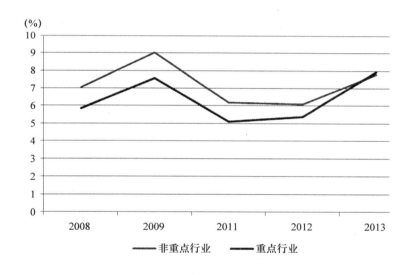

图16 4 万亿元投资与僵尸企业比例

进一步地，我们考察了投资与僵尸企业之间的关系（如图 17 所示）。我们发现，2007—2009 年资产（或固定资产）增长率越高的行业，2007—2013 年僵尸企业比例增长的速度就越快。这进一步证明了大规模投资可能是僵尸企业产生的重要原因。

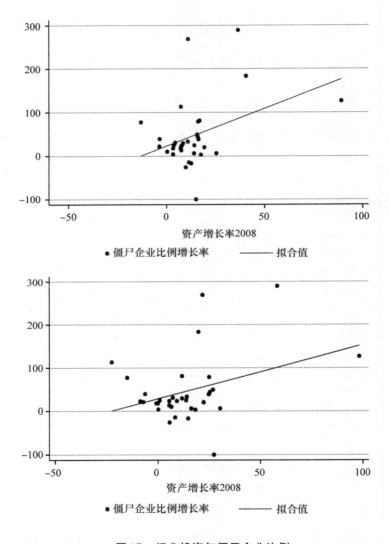

图17   行业投资与僵尸企业比例

4. 外部需求冲击

近十年来，中国经济遭遇了规模较大的外部需求冲击。2008 年全球金融危机后，世界主要经济体增长放缓、需求减少，主要贸易品价格下跌，对中国出口造成了巨大的影响。根据商务部的数据，2008 年 7 月至 2009 年 6 月，中国出口额当月同比增速由 26.9% 大幅回落至 -21.4%（如图 18 所示）。外部需求不足使得出口依赖型行业和企业在短时间内受到了巨大的冲击，订单不足、商品滞销、资金周转困难、投资方撤资，导致许多原本发展良好的企业纷纷陷入困境，甚至沦为僵尸企业。以多晶硅行业为例，江西新余市的赛维 LDK 在 2008 年以 25 美元/千克的生产成本投资建设马洪多晶硅工厂，当时全球多晶硅价格高达 400 美元/千克，预期利润空间巨大；然而马洪多晶硅工厂尚未建成，多晶硅价格就一路跌至 25 美元/千克，马洪多晶硅工厂开工率不足 30%。[①]

为了理解需求冲击对僵尸企业的影响，我们考察了出口依赖度与僵尸企业的关系（见图 19）。我们发现，2007 年出口占总销售额比重越高的行业，2007—2013 年僵尸企业比例增长的速度也越快。这说明了外部需求冲击是僵尸企业形成的原因之一。

---

① 《失意多晶硅　赛维成"僵尸公司"》，http：//solar. ofweek. com/2012 -08/ART -260001 -12002 -28628041_ 3. html。

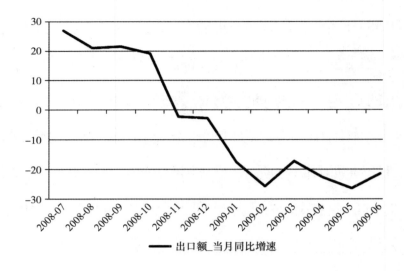

图 18   中国出口同比增速（%）

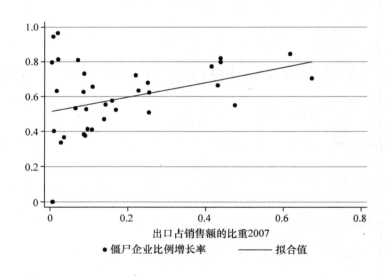

图 19   行业出口依赖度与僵尸企业比例

5. 银行的信贷歧视

民营企业融资难的问题一直是学术界关注的焦点之

一。一方面，民营经济是中国经济中最活跃的部分；另一方面，民营经济却又一直遭受来自政府和政府主导下的金融部门的所有制歧视。许多文献都证明了民营企业的债务融资成本大于非民营企业的债务融资成本。[①] 甚至有人将银行对待民营企业的方式形容为"晴天送伞、雨天收伞"：当企业运营良好的时候，银行慷慨解囊，锦上添花；当企业遇到困难的时候，银行第一时间收紧贷款，而不是雪中送炭。相较于民营企业，国有企业获得贷款就要容易得多。一方面，国有企业通常有中央或地方政府"兜底"、坏账风险较小，因此银行更倾向于贷款给国有企业；另一方面，政府常常会干预国有银行的信贷决策，为辖区内的国有企业提供优惠贷款。[②]

然而，一旦国有企业遇到经营困难，银行也会使用非市场化的思路来解决问题。要么是坚信国有企业可以"大而不倒"，要么迫于地方政府的压力，往往会继续向

[①]　Loren Brandt and Hongbin Li, 2003, "Bank Discrimination in Transition Economies: Ideology, Information, or Incentives?", *Journal of Comparative Economics*, Vol. 31, No. 3. 李广子、刘力：《债务融资成本与民营信贷歧视》，《金融研究》2009 年第 12 期。

[②]　余明桂、潘红波：《政府干预、法治、金融发展与国有企业银行贷款》，《金融研究》2008 年第 9 期。

已经失去盈利能力的国有企业提供贷款，从而催生出许多僵尸企业。我们发现，规模大、国有的企业更容易成为僵尸企业，图4的数据从侧面证实了这一点。

图20和图21分别描述了国有和集体企业、民营企业负债率（负债占总资产的比重）和利润率的变化。可以看出，2008年以后，国有和集体企业的利润率在波动中下降，但负债率却逐年增高；与此同时，民营企业利润率一直比较稳定，但负债率却有所下降。也就是说，2008年经济危机之后，虽然国有和集体企业盈利能力有所下降，但却更容易获得贷款；虽然民营企业盈利能力非常稳定，但却更难获得贷款。

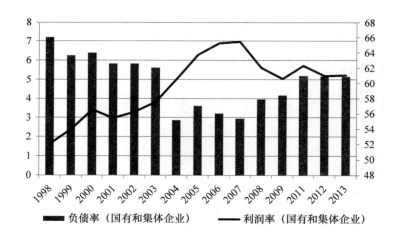

图20 国有和集体企业的利润率和负债率（%）

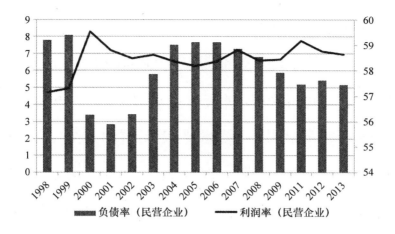

图21　民营企业的利润率和负债率（%）

五 减少僵尸企业的对策

在前文的分析中，我们比较全面地了解了僵尸企业的现状，发现国有企业、规模大的企业、年限长的企业更容易成为僵尸企业，并且煤炭、钢铁、玻璃、水泥等重点行业有更多的僵尸企业。导致僵尸企业出现的主要原因，既有历史的因素，也有体制和机制的因素，还有外部需求冲击，错综复杂。因此，要清理僵尸企业，推进供给侧结构性改革，推动中国产业转型升级，实现中国经济长期稳定增长，就必须对症下药，而且只有下猛药才能治沉疴。具体来说，我们的政策建议包括以下几点。

第一，减少政府对企业的干预，尤其是慎用产业政策。在正常的市场经济中，一个企业如果多年资不抵债、长期亏损，必然被激烈的市场竞争所淘汰。因此，在正常的、完善的市场经济体制下，僵尸企业根本不会出现。僵尸企业之所以存在，一定是因为市场机制的运行受到了干扰。而主要的干扰，当然是来自政府或者金融机构等强大的部门。前面的分析表明，地方政府和企业之间的合谋是导致正常企业变成僵尸企业、僵尸企业僵而不死的主要原因之一。因此，地方政府要减少对企业运行的干预，不要利用行政力量去推动企业兼并重组，不要给辖区内企业施加超出其负担能力的就业压力和财税压力，不要给缺乏效率、生存无望的僵尸企业提供各种补贴。虽然地方政府对企业的干预短期内会稳定就业和财税收入，但是长期来看会带来更大的就业压力和社会稳定压力，最终得不偿失。对于中央政府和部委来说，要谨慎使用产业政策。以扶持新兴、幼稚、战略性产业为目的的产业政策，一定程度上为这些行业的企业提供了一层保护伞，使这些行业的企业减小了面临的市场压力，也使得这样的企业发展偏离了市场的轨道，可能导致它们盲目生产、盲目做大，最终可能变成僵尸企业。而且，通过各类补贴实行的产业政策，如果缺乏透明、公开的程序，很容易留下寻租空间。当前，新能源汽车、机器人产业骗取补贴的行为比较普遍，必须引起足够重视。

第二，完善国资委对国企的考核指标，全面理解"做强做优做大国有企业"。在产能普遍过剩的背景下，国务院国资委和地方国资委都力推国企进一步兼并重组和提高行业集中度。事实上，国务院国资委所管辖的中央国企的数目一直在减少。从国有企业作为执政基础的性质来说，或者从转型国家的政府宏观调控能力角度来讲，国有企业要做优、做强是可以理解的。问题是，"做优""做强"是相对模糊的指标，而"做大"则是非常明显的指标。因此，要警惕最后的结果是国企光是"做大"而没有真正"做强"和"做优"。如果国企一味做大，必然陷入产能扩张的囚徒困境，必然导致更多产能过剩，从而产生更多僵尸企业。那么，1998—2000年的三年国企脱困改革，最终可能功亏一篑。因此，国资委应该调整、完善对国企的考核指标，防止片面理解"做强做优做大国有企业"。

第三，强化银行的预算硬化。从日本僵尸企业的情况来看，银行的预算约束软化是僵尸企业生长的重要土壤。为了防止银行持续向僵尸企业发放贷款，一是要加强对银行体系的监管，不能光看表面上银行是否满足巴塞尔资本协议，而要对银行贷款的质量进行有力的监督。2008年次贷危机的爆发，就是因为监管部门疏于监管，过于信任市场信贷评级机制，缺乏对信贷评估的再评估，并最终导致了多米诺骨牌式的连锁反应。二是要减少地方政府对辖区内银行的行政干预，通过制定相关的法律法规，确保银行体系的相对独立性。建议仿照司法机关的干预办案记录办法，将地方政府领导对银行信贷的干预进行备案登记，不登记则追究相关人员责任。此外，在宏观调控时，中央和地方政府要减少施加给银行的保增长压力，共同提高银行的防范风险能力和预算约束硬化。

第四，多渠道化解过剩产能，鼓励企业兼并重组和改制分流，加快建立和完善社会保障网。目前来看，比较严重的行业有大约20%的过剩产能，有大约10%的僵尸企业，总体情况尚在可控之中。建议政府和企业多渠道化解过剩产能，例如将过剩的钢铁、水泥、玻璃等用于贫困地区的基础设施建设，由中央政府或者帮扶的地方政府通过发行债券的方式代为支付。在处置僵尸企业时，多用市场化的兼并重组和改制分流，稳妥推进破产清算程序，尽量减少社会震荡。另外，必须加快完善社会保障体系，使每一个职工一旦面临短期下岗或者失业时，都能得到充分的社会保障，这反过来有助于减少地方政府与企业的合谋。

第五，加快国企改革步伐，关键是明确国企定位。国企的重要性不言而喻，中央也对国企改革高度重视，并发布了多个国企改革的重要文件。但是，目前的改革文件都回避了一个根本问题，国企究竟是一种纯粹的市场化企业，还是一种承担了较多政治和社会功能的特殊企业？如果国企的定位是后者，那么这类国企的数目要限制。否则，只要国企承担了政治和社会功能，在地方政府的压力下，国企就不可避免地会把保障就业和稳定财税收入作为优先目标，经济效率、生产率可能会成为次要目标，这就会陷入与地方政府的合谋之中，最终难以从根本上解决大量国企成为僵尸企业的问题。我们建议，进一步对国企进行分类改革，明确哪类国企要承担政治和社会功能，哪类国企是纯粹的市场化企业。对于前者，限制数量，当作特殊企业来对待；对于后者，加强市场化考核，鼓励做强做优。

参考文献

Brandt, L. , J. Van Biesebroeck and Y. Zhang, "Creative Accounting or Creative Destruction? Firm-level Productivity Growth in Chinese Manufacturing", *Journal of Development Economics*, Vol. 97, No. 2, 2012, pp. 339 – 351.

Brandt, L. and H. Li, "Bank Discrimination in Transition Economies: Ideology, Information, or Incentives?", *Journal of Comparative Economics*, Vol. 31, No. 3, 2003.

Caballero, R. J. , T. Hoshi and A. K. Kashyap, "Zombie Lending and Depressed Restructuring in Japan", *American Economic Review*, Vol. 98, No. 5, 2008, pp. 1943 – 1977.

Fukuda, S. and J. Nakamura, "Why Did 'Zombie' Firms Recover in Japan", *World Economy*, Vol. 34, No. 7, 2011, pp. 1124 – 1137.

Kane, E. , "Dangers of Capital Forbearance: the Case of the Fslic and 'Zombie' S&Ls", *Contemporary Economic Policy*, Vol. 5, No. 1, 1987, pp. 77 – 83.

Nie，H. and H. Zhao，"Financial Leverage and Employee Death：Evidence from China's Coalmining Industry"，Available at SSRN 2369185（2015）.

"国有企业经营效益"课题组，孟建民、申书海、区利民、张清：《1999 年我国国有企业经营效益统计分析》，《中国工业经济》2000 年第 9 期。

何帆、朱鹤：《嘿，我发现了一只僵尸企业——僵尸企业系列研究之一》，财新网，http：//pmi. caixin. com/2016 - 01 - 11/100898020. html。

何帆、朱鹤：《国有企业更容易变僵尸吗？——僵尸企业研究系列之八》，财新网，http：//pmi. caixin. com/2016 - 03 - 07/100917284. html。

李广子、刘力：《债务融资成本与民营信贷歧视》，《金融研究》2009 年第 12 期。

聂辉华、江艇、杨汝岱：《中国工业企业数据库的使用现状和潜在问题》，《世界经济》2012 年第 5 期。

聂辉华、李金波：《政企合谋与经济发展》，《经济学》（季刊）2006 年第 6 卷第 1 期（10 月）。

聂辉华、张雨潇：《分权、集权与政企合谋》，《世界经济》2015 年第 6 期。

谭语嫣、黄益平、胡永泰:《中国的僵尸企业与对民间投资的挤出效应》,《亚洲经济论文》（*Asian Economic Papers*）。

杨瑞龙、王元、聂辉华:《"准官员"的晋升机制:来自中国央企的证据》,《管理世界》2013 年第 3 期。

余明桂、潘红波:《政府干预、法治、金融发展与国有企业银行贷款》,《金融研究》2008 年第 9 期。

曾庆生、陈信元:《国家控股、超额雇员与劳动力成本》,《经济研究》2006 年第 5 期。

中国企业家调查系统:《企业经营者对宏观形势及企业经营状况的判断、问题和建议——2015·中国企业经营者问卷跟踪调查报告》,《管理世界》2015 年第 12 期。

聂辉华，中国人民大学经济学院教授和博士生导师，中国人民大学国家发展与战略研究院副院长，美国哈佛大学经济学系博士后。主要研究企业理论和制度经济学，在 *Review of Economics & Statistics*、《中国社会科学》、《经济研究》等国内外一流学术刊物上发表了几十篇论文。于 2008 年获得"全国百篇优秀博士学位论文"奖，2013 年入选中组部首批"青年拔尖人才计划"（国家"万人计划"）。撰写的内参多次获得党和国家领导人的批示，并多次接受中央电视台、人民日报、新华社等重要媒体采访。

江艇，中国人民大学经济学院助理教授，中国人民大学国家发展与战略研究院研究员，香港科技大学经济学博士，美国哥伦比亚大学商学院访问学者。主要研究方向为发展经济学与计量经济学，在 *Economics Letters*、*Review of Development Economics*、《经济研究》、《世界经济》等国内外著名学术刊物上发表了多篇论文，担任 *Journal of Macroeconomics*、*China Economic Review*、《世界经济》等多个学术期刊的匿名审稿专家，曾参与多个国家级和省部级课题以及地方政府的发展规划和决策咨询项目。

张雨潇，中国人民大学经济学院博士生，美国哥伦比亚大学联合培养博士生。主要研究方向为政企关系和公司金融，在 *Review of Development Economics*、*Global Economic Review*、《世界经济》、《经济学动态》等国内外著名学术刊物上发表了多篇论文，并多次受邀参加国际经济与金融学会（IEFS China）、中国经济学年会等重要学术会议并报告论文。曾获得国际大学生数学建模竞赛（MCM）一等奖和全国大学生数学建模竞赛一等奖，并入选了中国人民大学拔尖创新人才培育资助计划。

方明月，首都经济贸易大学经济学院副教授，中国人民大学经济学博士、人大企业与组织研究中心兼职研究员。主要研究方向为企业理论与公司金融，在 *Global Economic Review*、*Review of Development Economics*、《世界经济》、《管理世界》、《金融研究》等国内外著名学术刊物上发表了十几篇论文，主持国家社会科学基金青年项目、北京市自然科学基金青年项目，曾获中国人民大学优秀博士学位论文奖，入选北京市优秀人才培养计划，担任《金融研究》、《财贸经济》等多个期刊的匿名审稿专家。